Factores que influyen en los Mi

C000095827

Byron Espinoza Alvarado

Factores que influyen en los Millennials dentro de tiendas de moda

Comportamiento de consumo de los jóvenes dentro de las tiendas de moda

Editorial Académica Española

Imprint

Any brand names and product names mentioned in this book are subject to trademark, brand or patent protection and are trademarks or registered trademarks of their respective holders. The use of brand names, product names, common names, trade names, product descriptions etc. even without a particular marking in this work is in no way to be construed to mean that such names may be regarded as unrestricted in respect of trademark and brand protection legislation and could thus be used by anyone.

Cover image: www.ingimage.com

Publisher:
Editorial Académica Española
is a trademark of
International Book Market Service Ltd., member of OmniScriptum Publishing Group
17 Meldrum Street, Beau Bassin 71504, Mauritius

Printed at: see last page
ISBN: 978-620-2-14172-7

AGRADECIMIENTO

En primer lugar pongo en mi camino a ser supremo que ha estado conmigo en los momentos más difíciles, cuando pensaba que ya no podía seguir adelante, el medio fuerza para continuar y seguir en la lucha, es por esta razón que agradezco inmensamente a Dios por brindarme la fuerza y sabiduría para mantener en el camino.

A mis padres que estuvieron conmigo en todo momento, sin pensar en un momento que no lograría, agradezco la confianza que depositaron en mí, y cada una de sus palabras de aliento para seguir adelante.

A mis tíos y demás familiares que siempre creyeron en mí y en cada acción que tomaba durante mi camino, gracias por todo querida familia por su apoyo incondicional.

A mis más allegados amigos que se convirtieron en una verdadera familia en los momentos más complicados, gracias por su ayuda y por sonreírme cada vez que lo necesitaba.

A los Profesores, que en un primer momento de la carrera, no nos comprendimos, pero que con el pasar de los días fui aprendiendo no solo las materias que impartían, sino su humildad para ensañar, mencionar a 2 o 3 seria quitarles mérito al resto, gracias por todo, fue un camino duro pero sé que fue por mi bien.

Byron Antonio Espinoza Alvarado

DEDICATORIA

A Dios por brindarme la fortaleza necesaria para seguir adelante.

A mi familia, que siempre creyó en mí hasta en los momentos más complicados, en especial a mi madre Ivonne Alvarado por acompañarme en este duro proceso.

A mis amigos por creer en mí, pocos pero constantes, gracias por brindarme su ayuda en los momentos que más lo necesite, jamás lo olvidare.

A Todas las personas que en algún momento pasaron a formar parte de mi vida, y que por alguna razón ya no están conmigo, gracias por haber aportado algo valioso en mí.

A los profesores de la Universidad Católica Santiago de Guayaquil que se convirtieron en una guía para mí, gracias por todos los conocimientos y ejemplos que me ensenaron a lo largo de la carrera.

Byron Antonio Espinoza Alvarado

INDICE

INTRODUCCION 11

PROBLEMÁTICA 12

JUSTIFICACION 14

OBJETIVO GENERAL 15

OBJETIVO ESPECIFICO 16

ALCANCE DE ESTUDIO 16

PREGUNTA DE INVESTIGACION 17

MARCO TEÓRICO 18

    1.1 MARKETING 18

    1.2 COMPORTAMIENTO DEL CONSUMIDOR 18

        1.2.1 DIFERENCIA ENTRE CLIENTE Y CONSUMIDOR 20

        1.2.2 ROLES DEL CONSUMIDOR 21

        1.2.3 SATISFACCION DEL CLIENTE 22

    1.3 TEORÍAS DEL COMPORTAMIENTO DEL CONSUMIDOR 23

        1.3.1 TEORÍA ECONÓMICA. 23

        1.3.2 TEORÍA PSICOLÓGICA. 23

        1.3.4 TEORÍA SOCIOLÓGICA. 24

    1.4 FACTORES EXTERNOS QUE INFLUYEN EN LA COMPRA 25

a)   CULTURA 25

b)   CLASE SOCIAL 26

c)   FAMILIA 27

d)   FACTORES PERSONALES 27

    1.5 FACTORES INTERNOS QUE INFLUYEN EN LA COMPRA 28

A.   PERSONALIDAD 28

B.   ESTILO DE VIDA 28

C.   LA MOTIVACIÓN 29

    2.1 RETAIL 31

METODOLOGIA DE LA INVESTIGACION 35

DISEÑO INVESTIGATIVO: 35

    TIPO DE INVESTIGACION: EXPLORATORIA – DESCRIPTIVA 35

    FUENTES DE INFORMACION: PRIMARIA – SECUNDARIA 35

    TIPO DE DATOS: CUANTITAVITOS – CUALITATIVOS 36

    HERRAMIENTAS DE LA INVESTIGACION 36

    DEFINICION DE LA MUESTRA 37

RESULTADOS DE LA INVESTIGACION 41

RESULTADOS DE LA ENCUESTA: 42

RESULTADOS DE LA ENTREVISTA A PROFUNDIDAD 46

RESULTADOS DE LA OBSERVACION DIRECTA 50

INDICE DE GRAFICOS

GRAFICO 1: ATRIBUTOS VS TIENDAS 42
GRAFICO 2: PRESUPUESTO VS FRECUENCIA 43
GRAFICO 3: VISITAS EN BASE AL SECTOR 43
GRAFICO 4: ACCESIBILIDAD/PRECIOS POR TIENDA 44
GRAFICO 5: MEDIO 45

INDICE DE TABLAS

TABLA 1: MUESTRA 37
TABLA 2: OBSERVACIÓN DIRECTA 51

INTRODUCCION

Después de la crisis financiera de 1999 uno de los sectores que más creció en el Ecuador fue el comercio, el mismo que está integrado por 232.760 establecimientos económicos, de los cuales el 50% se concentra en la venta de alimentos y bebidas. En un menor porcentaje se encuentra el comercio de prendas de vestir, calzado y artículos de cuero (23,3%); productos farmacéuticos y medicinales, cosméticos y artículos de tocador (4,7%); libros, periódicos y artículos de papelería (3,2%); y aparatos electrónicos de uso domésticos, muebles y equipo de iluminación (3,0%) (INEC; Ecuador en cifras, 2012)

Las tiendas de retail ofrecen de manera masiva y segmentada diferentes gamas de productos al consumidor, al realizar esto se genera mayor oportunidad de ventas y ganancias ya que se ofrece variedad al consumidor.

Según el diario Expreso (2013), los ítems más demandados por los ecuatorianos en los autoservicios son: Electrodomésticos, ropas, muebles y alimentos. Por ejemplo en San Marino fueron inauguradas en el 2012 cinco tiendas españolas: Bershka, Zara y Oysho (Todas del grupo Inditex). Pero las tiendas ecuatorianas no se quedan atrás, De Prati en San Marino reunió en un solo piso las secciones de moda para damas, caballeros y niños.

Cada día las tiendas retail tienen mayor crecimiento dentro del mercado ecuatoriano, provocando que muchas empresas (tanto nacionales como extranjeras) apuesten a este tipo de negocios.

La firma española Inditex es una de las más importantes de la moda internacional. Al grupo, que cuenta con más de 6 000 locales en el mundo, pertenecen ocho marcas: Zara, Pull & Bear, Máximo Tutti, Bershka, Stradivarius, Oysho, Zara Home y Uterqüe. Según el informe anual que publica esta compañía con presencia en 86 países, el año pasado facturó cerca de USD 21 940 millones.

Hace aproximadamente un año y medio, Inditex ingresó al mercado ecuatoriano con Zara, en Quito. El plan de expansión en el país continuó en esa ciudad con las marcas Máximo Tutti, Bershka, Pull & Bear, y Stradivarius. (Revista Lideres, 2015)

Al estar en vía de expansión con la llegada de empresas internacionales y con el auge de las redes sociales es necesario que las empresas de retail del Ecuador desarrollen factores que puedan ayudar a determinar el comportamiento de compra de los Millennials, ayudando así a la expansión de los consumidores ofreciéndoles mayor diversidad en prendas de vestir, en beneficio de este grupo objetivo y para expansión de la misma empresa.

Por medio del proyecto realizado se buscara obtener resultados cualitativos y cuantificables que ayuden a cumplir los objetivos que se buscan. El grupo de estudio elegido será jóvenes de 18 a 30 años de un nivel socioeconómico B y C+ ya que el comportamiento de personas de esta edad varía según a los factores que este expuesto.

PROBLEMÁTICA

En la actualidad la juventud en el Ecuador se caracteriza por el cambio repentino de gustos, influenciados por la cultura o moda de actualidad. Esto genera una serie de inconvenientes para las empresas de ropa retail en el ecuador, ya que cada cierto tiempo deben de actualizar sus prendas según la tendencia actual.

Esto sucede en especial con los jóvenes de entre 18 a 35 años (Millennials) que utilizan las redes sociales diariamente para informarse de lo que sucede en el mundo ya sea a nivel político, fianzas, o de moda., los mismos que han llegado a ser muy críticos, desconfiados, no son fácilmente engañados, por lo que no basta solo con una buena publicidad.

En la actualidad existe un gran crecimiento en el Ecuador de la compra y venta de productos por internet, por la comodidad antes expuesta así como por las distintas promociones que ofrecen no solo las tiendas nacionales sino mucha internacionales, muchos productos tiene un precio cuatro veces menor al que ofrecen muchas tiendas retail a nivel nacional.

En el Ecuador para contrarrestar las compras online a compañías internacionales se ha llegado a crear días espaciales, como el llamado "Cyber Monday, replica del famoso "Black Friday" pero a nivel de internet, en una búsqueda por potenciar las ventas a tiendas nacionales.

Según el diario El Comercio (2015) en la actualidad y gracias a campañas como el llamado "Cyber Monday", esta práctica ha ido tomando cada vez más auge con el paso de los años. El número de visitas al portal web del Cyber Monday Ecuador, el 'link' creado por la Cámara de Comercio de Guayaquil para acceder desde allí a las ofertas y promociones de 23 firmas, se cuadruplicó en esta edición 2015. El gremio indicó este martes 2 de diciembre del 2015 que unos 113 000 internautas accedieron a la página del Cyber Monday ecuatoriano durante los dos días que estuvieron vigentes las ofertas de las firmas participantes. En el 2014, el número de visitas no superó las 28 000 personas. (El Comercio, 2015)

Esto sí es aprovechado por el marketing de las empresas creando una campaña de marketing correcta que atraiga al consumidor, ya sea esto por medio de promociones, rebajas de precios, llegada de las últimas tendencias en la moda, etc., todo aquello que permita ayudar a mejorar las ventas de las tiendas de retail a nivel nacional.

La tienda departamental De Prati registró más de 32.000 visitas, lo que representó un crecimiento porcentual de más del 10% respecto al año anterior. Aunque los resultados se conocerán hoy, preliminarmente se sabe que los clientes hicieron una compra por minuto. El año pasado, las ventas fueron el equivalente a 15 días regulares. (ComExPlus, 2014)

JUSTIFICACION

Cada vez los clientes tienen mayor información, son más exigentes y cuentan con la tecnología que facilita las compras. Por eso, los sectores comerciales se enfrentan al reto de mantener el control de sus ventas y buscar nuevas formas de mejorar el servicio al cliente, según un artículo de Guillermo Cevallos, director de Desarrollo de Negocios de Retail de Motorola Solutions. (Revista Lideres, 2015)

Actualmente el cliente es muchos más exigente y con menos spectrum de atención que hace 10 años, gusta y requiere de productos y tiendas especializadas que le ofrezcan un valor agregado y alta calidad en servicios y productos, además de una atención personalizada. Productos que se adapten a cada una de sus necesidades.

Según el informe de la revista MarketingDirecto, los millennials son el grupo que más utiliza las redes sociales, por cantidad de usuarios y tiempo de conexión. Y aunque prefieren usarlas para conectarse con amigos y familiares, éstas ejercen una influencia decisiva en el proceso de compra. (MarketingDirecto, 2011)

Las tiendas de retail en la actualidad deben competir por captar la atención de los Millennials de manera más rápida y duradera, ya que el mercado se vuelve cada día más globalizado y competitivo.

Según un reporte del BrandReport la investigación desarrollada por eMarketer revela que el tráfico web de los anunciantes creció un 52% gracias a los contenidos publicados por las marcas en las redes sociales. Pero también, muchos usuarios se convierten en seguidores de las marcas con una motivación utilitarista, a cambio de alguna gratificación: el 36% reconoce haberlo hecho por un concurso o una promoción. (BrandReport, 2015)

La investigación buscara conocer la relación que tienen esos factores que brindan las tiendas retail con los Millennails, encontrando las principales variables que midan el grado de satisfacción que buscan este tipo de personas.

El trabajo investigativo aportara a la sociedad de una manera relevante ya que permitirá; con datos específicos; ayudar al mercado Guayaquileño a entender e implementar nuevas estrategias en base a los resultados obtenidos.

En cuanto a la parte académica, ayudará a los futuros profesionales con datos que fundamenten sus trabajos de titulación y ofrezcan información oportuna que los lleve a entender mejor el tema que se esté investigando.

Dentro del proyecto se quiere abordar el tema del comportamiento del consumidor, los factores que intervienen en el momento de la compra. Cuáles son las causas que determinan la elección del lugar y la razón que determina la compra del bien u objeto. Existen varios factores que pueden afectar al consumidor a la hora de elegir el producto y es aquí donde surge la problemática, el desconocimiento de estas determinantes, que factor tiene mayor peso entre los jóvenes de la actualidad, si la cultura, la religión, la forma de educación son las principales causas o existe otras con mayor índole dentro del pensamiento de los millennials de la ciudad de Guayaquil.

OBJETIVO GENERAL

Factores que influyen en comportamiento de consumo de los millennials de 18 a 30 años de NSE B y C+ dentro de tiendas de ropa de centros comerciales en la ciudad de Guayaquil.

OBJETIVO ESPECIFICO

1. Identificar cuáles son los factores de mayor importancia que presenta las tiendas retail dentro de los centros comerciales en la ciudad.

2. Identificar la frecuencia de compra, determinar niveles de precios, potencial demanda de las tiendas retail de los centros comerciales de la ciudad de Guayaquil.

3. Averiguar la principal tienda retail que el consumidor recuerda (top of mind) al momento de realizar la compra y Descubrir si el lugar de residencia de los influye en la elección de centros comerciales a la hora de realizar compras Millennials de 18 a 30 años de NSE B y C+

ALCANCE DE ESTUDIO

El estudio se va a realizar en la ciudad de Guayaquil exclusivamente durante el año 2016. En cuanto al factor demográfico, el público objetivo son los llamados Millennials (jóvenes entre los 18 – 30 años). Se ha elegido a este grupo en especial ya que son los que con mayor frecuencia concurren a las tiendas de retail además de representar en la actualidad el 75 % de la fuerza laboral; por lo que representan el mercado actual y futuro de consumidores de ropa.

Los niveles socioeconómicos a los cuales va dirigido el estudio comprenden las posiciones económica B y C+, ya que son la franja de mercado que generalmente consume con mayor frecuencia en los tipos de tiendas retail como Bershka.

PREGUNTA DE INVESTIGACION

¿Cuáles son los principales factores que influyen en comportamiento de consumo de los Millennials dentro de las tiendas retail en la ciudad de Guayaquil en el año 2016?

MARCO TEÓRICO

Con el proyecto se desea conocer cuáles son los principales factores que influyen en los jóvenes Millennials a la hora de comprar productos de vestir, por este motivo es necesaria la obtención de información oportuna por medio de materias de marketing tales como: Comportamiento del consumidor, identidad de la marca, etc. Para poder conocer a fondo sobre los resultados de la investigación primero se tiene que conocer y comprender los conceptos de las materias que influyen en el proyecto a realizar.

1.1 MARKETING

Según Stanton, Etzel y Walker el marketing se define como el sistema total de actividades de negocios ideado para planear productos satisfactorios de necesidades, asignarles precio, promoverlos y distribuirlos a los mercados meta, a fin de lograr los objetivos de la organización (Stanton J. William, 2007, pág. 6)

1.2 COMPORTAMIENTO DEL CONSUMIDOR

Según Schiffman- Kanuk El comportamiento del consumidor se define como la actividad que los consumidores muestran al buscar comprar, utilizar, evaluar y desechar los productos y servicios que consideran satisfarán sus necesidades. (Kanuk, 2005)

Para Rivas & Grande, el comportamiento del consumidor explora y desarrolla aspectos de conducta humanas que son de utilidad para comprender la diversas situaciones de compra, con el fin de tomar mejores decisiones empresariales y llegar a favorecer intercambios. (Rivas Javier Alonso; Grande Esteban Ildefonso, 2010)

Kotler define el comportamiento del consumidor como el proceso de decision de compra que varia dependiendo del nivel de conocimiento que la persona tiene sobre el producto y el nivel de diferencias entre marcas. (Philip Kotler, 2003)

Según Peter el comportamiento del consumidor es el conjunto de pensamientos y sentimientos que las personas experimentan, asi como las desiciones que emprenden en los procesos de consumo. (J. Paul Peter, 2006)

Utilizando como referencia ambos conceptos podemos concluir que el comportamiento al consumidor hace referencia al conjunto de actividades, factores de la conducta humana que repercuten en las decisiones del consumidor al momento de adquirir o usar un producto. Generalmente lo que el cliente busca es algo que satisfaga sus necesidades personales.

Conociendo este comportamiento la empresa podrá tomar mejores decisiones al momento de determinar cuáles son los productos, bienes o servicios que cumplan con esas necesidades, mejorando de esta forma la calidad del producto o servicio que se ofrece, y a su vez creando una mejor experiencia de compra para los clientes, quienes van a ver sus necesidades personales siendo atendidas, provocando como efecto fidelidad por parte de ellos y un aumento de ventas y monetario para la empresa.

Ejemplos de este tipo de conducta son: Preparación de una lista de compras, búsqueda de información en el internet, discusión sobre la distribución del presupuesto familiar, etc. Todos estos influyen de alguna u otra forma en el individuo al momento de elegir como gastar sus recursos (tiempo, dinero, esfuerzo) en tal o cual producto o marca.

1.2.1 DIFERENCIA ENTRE CLIENTE Y CONSUMIDOR

Según Arellano el cliente y el consumidor suelen considerarse como un término sinónimo y es importante establecer una distinción ya que podría establecerse políticas comerciales para ambos casos.(Arellano- Rivera , 2013)

El cliente es la persona u organización que adquiere o compra un producto o servicio de manera frecuente por parte de una misma tienda u empresa, se encuentra ya fidelizado con la misma. Al cliente se apunta mediante distintas estrategias de mercadeo como descuentos, promociones especiales, productos gratis, etc., en búsqueda de fidelidad por parte de ellos.

Una de las estrategias más usadas es el llamado "programa del cliente frecuente" en el cual se retribuye y premia la fidelidad del cliente. Por ejemplo las líneas aéreas tienen desde hace años el programa de acumulación de millas con el cual adquiriendo un número considerable de millas se puede obtener boletos gratis para viajar.

En las tiendas de ropa se usan tarjetas de membrecía en la cual con cada compra relazada en la tienda se obtendrán puntos que podrán ser canjeados por órdenes de compra o descuentos en todas las tiendas pertenecientes a dicha empresa.

El consumidor por su parte es quien consume el producto o el servicio, no necesariamente el que lo compra. No tiene ningún tipo de relación o lealtad a ningún tipo de marca o producto en particular. Son posibles candidatos a ser clientes.

1.2.2 ROLES DEL CONSUMIDOR

Según María Solé los roles del consumidor están enfocados en base a que los clientes llegan a tomar decisiones mediante una serie de preguntas. (Solé Moro, María Luisa, 2003, pág. 98)

Dentro de los roles del consumidor tenemos:

I) **Iniciador:** Es quien induce o sugiere la compra de un producto al decidir que alguna necesidad no está satisfecha. Puede ser el propio comprador u otra persona que haga notar dicha necesidad.

II) **Influenciador:** Persona cuyo punto de vista tiene importancia por parte del comprador al momento de la toma de decisiones o de la compra de tal o cual producto, ya que cuenta con cocimientos de las diferentes variedades de productos o servicios presentes en el mercado. Generalmente este se da a través de un cometario y en base a experiencias.

III) **Decisor:** Persona con la potestad de elegir entre las diferentes opciones de productos que se encuentran en el mercado.

IV) **Comprador:** Persona responsable de efectuar la compra del producto o servicio o de negar la misma ya que es el responsable de pagarla.

V) **Consumidor:** Persona responsable de disfrutar o consumir el producto o servicio comprado, no es necesario que el consumidor sea el mismo que lo haya comprado.

El estudiar los roles del consumidor nos permite determinar los distintos pasos por los que tiene que pasar un cliente para realizar la compra de un producto o servicio que satisfaga la necesidad que se tiene. A veces es difícil poder determinar quien ocupa cada uno de estos roles ya que en muchas ocasiones dichos roles se mezclan. El iniciador que es quien detecta que se necesita algo puede llegar a ser el mismo consumidor o el propio comprador final del producto; y a su vez cada una de estas decisiones o compras pueden verse influidas por distintos factores culturales, económicos, personales (gustos).

Por esta razón mediante encuestas, sondeos o focus group el marketing y publicidad de las empresas busca obtener información sobre los interesantes actuales de los clientes, de esta forma dichas empresas podrán centrarse en la producción, marketing y venta de dichos productos o servicios.

1.2.3 SATISFACCION DEL CLIENTE

Se define la satisfacción del cliente como "el nivel del estado de ánimo de una persona que resulta de comparar el rendimiento percibido de un producto o servicio con sus expectativas (Philip Kotler, 2003, pág. 13)

Este término se usa con frecuencia en el marketing ya que nos ayuda determinar el nivel de conformidad por parte del cliente al momento de usar un producto o un beneficio. El satisfacer dichas necesidades es el objetivo principal de una empresa, ya que un cliente satisfecho es más probable que regrese a la misma empresa a comprar a uno que se encuentra insatisfecho, convirtiéndose en un cliente regular. Además es más sencillo volver a vender el mismo producto u otros a un cliente satisfecho y regular, que hacerlo a un cliente nuevo o que antes ha sido decepcionado por la empresa.

1.3 TEORÍAS DEL COMPORTAMIENTO DEL CONSUMIDOR

1.3.1 TEORÍA ECONÓMICA.

Según J. MARSHALL: "La base de esta teoría, uno de cuyos exponentes más relevantes, es que el hombre busca siempre maximizar su utilidad. Es decir, el hombre siempre tratará de comprar el producto que más utilidad le dé en función del precio que pagará por él, en otras palabras, el hombre siempre tratará de maximizar la relación costo beneficio en cada actividad de su vida" (Marshall, 2008)

Marshall nos habla del hombre económico, es decir de aquel que busca; mediante su forma de comportarse; la mayor utilidad posible del servicio o producto que se acaba de comprar en comparación a lo que ha gastado a nivel monetario. Para esto el consumidor de forma racional toma en consideración las necesidades que tiene y los distintos medios que se encuentran disponibles para satisfacerlas.

Se busca maximizar los costos eligiendo un producto o servicio que brinde una combinación de beneficios o atributos para el cliente.

1.3.2 TEORÍA PSICOLÓGICA

El comportamiento del ser humano no está únicamente determinado por valores económicos, también juega un papel preponderante las características propias del consumidor (personalidad, hobbies, gustos), y el entorno en el que se encuentra.

Dentro de la teoría psicoanalista se pretende conocer los mecanismos y procesos que subyacen a las reacciones de cualquier consumidor ante los estímulos y acciones comerciales, a partir del análisis del papel que juega las variables psicológicas y psicosociales en la conducta del individuo (Esteban, 2004, pág. 55)

Esta teoría busca conocer y analizar las reacciones propias de cada consumidor al momento de decidir comprar un determinado producto o servicio, que satisfaga sus gustos personales. Las empresas buscan mediante esto poder realizar campañas de marketing que resuenen en los distintos colectivos de personas y no solo a un nicho en específico. Además al observar los gustos o tendencias actuales que los jóvenes de ahora gustan se puede predecir su comportamiento a futuro, por ejemplo que productos van a ser los que les van a interesar si tal artista está de moda, o tal género musical.

1.3.4 TEORÍA SOCIOLÓGICA.

Según Thortein Veblen "La principal razón que guía el comportamiento de las personas en su necesidad de integración en su grupo social. Si se analiza esto desde un punto de marketing es la asociación del producto con otros significativos como moda, celebridades, líderes de opinión, etc. (Veblen, 2013)

Esta teoría nos habla de que el individuo para formar parte de un grupo de personas con los que se sienta a gusto se comporta de cierta forma o usa determinados productos que lo hagan quedar bien con sus pares. Generalmente los productos que compra no están determinados por la utilidad económica que va a obtener o por algún tipo de encariñamiento de la niñez, a veces ni siquiera tiene que ver con los gustos personales del consumidor; lo único que se busca con la compra o uso de dicho producto es encajar en el grupo. Por ejemplo las tendencias actuales de moda, muchos jóvenes se visten como su cantante favorito, la mayoría no lo hace porque les guste la ropa que use ese grupo, muchos lo hacen porque el artista o la música de él; otro la compran para encajar dentro del grupo que admira a esa banda.

1.4 FACTORES EXTERNOS QUE INFLUYEN EN LA COMPRA

Según Kotler "existen varios factores que inciden sobre la conducta del consumidor como los culturales, sociales, personales y psicológicos. En muchos de estos factores el mercadólogo no puede influir, sin embargo son útiles porque identifican a los consumidores potenciales que podrían estar interesados en el producto". (Philip Kotler, 2003)

Generalmente existen tres influencias del entorno que afectan el comportamiento del consumidor: La cultura, la clase social y los grupos sociales. Estos afectaran la conducta del consumidor, quienes se verán influenciados por su círculo más cercano de familiares y/o amigos, en algunos casos incluso desde temprana edad. El conocer de estas influencias nos ayuda a informarnos e identificar posibles productos de interés a futuro de dichos consumidores.

a) CULTURA

"Las culturas adolescentes adquieren una dimensión social y política en cuanto acentúan o atenúan encuentros, desencuentros, afinidades y conflictos que conviven en el medio en que están inmersas. A través de este tipo de manifestaciones es que acompañan las tradiciones y/o rompen con ellas". (UNICEF, 2006)

Es el conjunto de creencias, costumbres, conocimientos, valores, normas etc., que se comparte entre miembros de una sociedad o familia en particular, y que la definen, estos pueden variar de una sociedad a otra o de una familia a otra. La cultura puede ser aprendida de tres formas distintas:

- **Aprendizaje formal:** Los miembros de mayor edad enseñan cómo comportarse al miembro nuevo o más joven.

- **Aprendizaje informal:** El niño mediante la imitación de los adultos va aprendiendo cómo comportarse
- **Aprendizaje técnico:** Es el que el niño aprende en un centro educativo con la ayuda de un profesor

El marketing tiene que comprender que la cultura no es siempre la misma, evoluciona en búsqueda de satisfacer las necesidades de la sociedad en la que se encuentra, por lo tanto el comportamiento del consumidor dentro de dicha sociedad también cambiara.

Generalmente al momento de lanzar un producto la gente encargada del marketing toma en cuenta el sitio donde dicho producto va a ser lanzado, la edad, sexo de los clientes a los que está siendo destinado. Todo esto repercute al momento de lanzar un producto y de realizar su respectivo marketing.

b) CLASE SOCIAL

Schiffman y Kanuk en el contexto del comportamiento del consumidor, denominan "grupo de referencia a cualquier persona o grupo que le sirve como punto de comparación (o referencia) a un individuo, en el proceso de formación de sus valores generales o específicos y de sus actitudes, o bien como una guía específica de comportamiento". (Schiffman, 2005, pág. 331)

Se define como un grupo de personas que comparten objetivos, opiniones, gustos y necesidades en común. Generalmente los gustos del grupo van a influir sobre los del individuo, el grupo convence o disuade al individuo de comprar tal o cual producto, dependiendo si este va acorde con los gustos del grupo. Son también llamados grupos de referencia.

c) FAMILIA

Es el grupo que más influencia tiene al momento de decidir realizar una compra por parte del consumidor, esto se basa en los fuertes que son las interacciones personales entre sus miembros; en ocasiones tan fuertes que la decisión final no es tomada por el individuo sino por el conjunto, ya sea esto porque el resto de la familia tiene más experiencia o para permanecer dentro de un presupuesto establecido con anterioridad.

La influencia familiar sobre el consumidor también depende de la etapa de vida en que este se encuentre; si esta recién casado, con uno o más hijos; eso repercutirá al momento de comprar un producto y de decidir cuánto dinero puede ser gastado en el mismo.

d) FACTORES PERSONALES

Es la influencia que ejerce sobre el consumidor la opinión de las demás personas al momento de decidir comprar un producto. Generalmente este depende de la cantidad y del tipo de información que se recibe sobre determinado producto, si dicha información es positiva o negativa puede hacer que el consumidor decida o desista de comprar.

También influye de manera positiva en el marketing del producto a nivel general, el llamado "boca a boca" puede provocar el aumento o perdida de interés hacia un producto, si la gente comenta que tal producto o marca es buena se notara un incremento de interés y posiblemente de ventas, si los comentarios no son favorables ocurrirá lo contrario.

Esto también demuestra la importancia que tienen los medios de comunicación como twitter o Facebook que pueden ayudar a promocionar de manera gratuita un producto o destruirlo, todo esto gracias a las opiniones vertidas dentro de los mismos.

1.5 FACTORES INTERNOS QUE INFLUYEN EN LA COMPRA

A. PERSONALIDAD

Conjunto de características distintivas de un individuo como el autoestima, autoridad, agresividad, que determinan la forma como este se desenvuelve en el entorno en el que vive, así como también tiene injerencia en la forma en la que compra y en que es lo que compra. Por lo general persiste con el paso de los años.

Pero la personalidad no es propia solo de las personas, muchas marcas crean su propia personalidad que les permita diferenciarse del resto, esto ayuda también al momento de vender ya que por lo general los consumidores van a elegir marcas que se asemejen a su personalidad.

B. ESTILO DE VIDA

Es la forma en la que el consumidor vive su vida, se basa en tres elementos:

- **Actividades:** Formas en que el individuo ocupa su tiempo.
- **Intereses:** Preferencias, gustos y prioridades del individuo.
- **Opiniones**: Forma de sentir del individuo sobre distintos eventos o situaciones del diario vivir.

Estos elementos determinan las necesidades que aquel individuo va a presentar, por lo tanto repercute de manera directa en el comportamiento del mismo a la hora de comprar un producto o servicio.

Las empresas pueden tomar como base el estilo de vida de las personas al momento de realizar las campañas de marketing para sus productos o al momento incluso de lanzar un producto, ya que al realizar un análisis del mercado se comprobara si hay la suficiente demanda para tal producto.

C. LA MOTIVACIÓN

Según Abraham determina en una de sus teorías que "el ser humano tiene dos tipos de necesidades: Las necesidades deficitarias y las necesidades de crecimiento. Las necesidades estas organizadas de manera jerárquica, es decir que las primeras se van a satisfacer antes que el resto. Un individuo no está saturado cuando satisface una necesidad, sino que de marea automática desea satisfacer la siguiente necesidad y así sucesivamente". (Abraham H. Maslow, 2001, pág. 141)

Conjunto de necesidades no satisfechas que impulsan el comportamiento del individuo en búsqueda de un objetivo o meta. Dichas necesidades cambian constantemente, evolucionan, por lo que cada día se producen nuevas motivaciones que buscan satisfacerlas.

Estas necesidades se pueden clasificar en:

➢ **Necesidades primarias y secundarias:** La llamadas primarias son necesidades fisiológicas como tener sueño, hambre, sed. Las secundarias son necesidades psicológicas como la falta de reconocimiento o de autoestima.

➢ **Necesidades racionales y emotivas:** La racional es aquella que mediante su solución se busca conseguir una utilidad para el individuo. Las emotivas en cambio buscan conseguir metas que satisfagan sus criterios personales.

➢ **Necesidades conscientes y latentes:** Las necesidades conscientes están definidas, el individuo sabe exactamente cuáles son. Las latentes no son definidas, aunque eso no quita que repercutan al momento de decidir si compra o no el consumidor.

> **Necesidades positivas o negativas:** son positivas siempre y cuando nos impulsen hacia la compra de un producto, de lo contrario son negativas.

D. PERCEPCIÓN

"Un hombre no tiene oídos para aquello a lo que la experiencia no le haya dado acceso" (Nietzsche).

La percepción es la forma en la que los individuos captan la realidad que los rodea, no necesariamente hablamos de la realidad objetiva, sino de la realidad vista a través de los ojos de dicho individuo.

Los estímulos llegan del mundo exterior a través de los sentidos, son captados, organizados e interpretados en base a la realidad propia de la persona por lo que siempre va a ser de carácter subjetivo. Muchas veces la forma en la que vemos la realidad va a verse comprometida por la relación de los estímulos entre si, por el ambiente y por el estado emocional y mental en el que el individuo se encuentra en dicho momento. Esto es llamado "percepción selectiva" y es debida a los siguientes procesos: Exposición selectiva, atención selectiva, interpretación selectiva y retención selectiva.

Por lo tanto se vuelve impredecible para las empresas de marketing predecir cuál va a ser la percepción exacta que un producto va a tener con el público, a muchos les puede gustar, mientras que otros lo van a odiar. Esto no se debe a la calidad propia del producto, sino a la forma en que es percibido por aquellas personas; por esta razón es que se dice que no se puede hacer feliz a todo el mundo al mismo tiempo con el mismo producto.

2.1 RETAIL

El retail se ha vuelto una de las actividades comerciales de mayor importancia, la gran mayoría de las principales empresas en el mundo pertenecen a este rubro. Engloba toda clase de negocios: Supermercados, bancos, tiendas de ropa e inclusive restaurantes.

En un artículo de la revista retailing en la mayoría de los países desarrollados o en desarrollo, el retail, es muy importante respecto de su aporte a diversos indicadores claves para la sociedad y su economía, es así como de acuerdo a diversas cifras entregadas por instituciones gubernamentales y privadas indican que como sector industrial: es uno de los mayores generadores del Producto Interno Bruto, de empleo, controla la inflación, otorga acceso al crédito a los consumidores democratizando el consumo y presenta un liderazgo relativo en la internacionalización de la inversión en el extranjero. (Luis Leyton Johns, 2013)

El retail o también llamado venta minorista se especializa en la venta masiva de diferentes gamas de productos o servicios a través de tiendas y locales en búsqueda de la satisfacción de los consumidores finales, para esto realizan campañas promocionales y de publicidad, descuentos online; que permitan hacer más rentable el negocio y a su vez crear una relación de fidelidad con el cliente y consumidor final

"El comercio minorista es uno de los sectores más dinámicos y de mayor crecimiento en Ecuador y el mundo (solo en Ecuador ha crecido más del 25% en dos años, tomando como referencia la cantidad de autoservicios actual que es de más de 400), no solo por el aumento en el número de marcas, autoservicios, supermercados y modelos de negocio, sino también porque crea gran cantidad de empleos y de oportunidades a otros sectores, captando el retail como canal hasta el 40 % de las ventas totales en algunas categorías". (Formacion Gerencial, 2013)

Las empresas retail mas emergentes son aquellos sectores dedicados a ropa, electrónica, grandes almacenes, farmacias, supermercados, mejora del hogar y distribución masiva de bines y servicios.

"Walmart es la marca retail más valiosa no solo de Norteamérica, sino de las cuatro regiones, con un valor de marca de $131.877 millones. En Europa se destaca H&M con $18.168 millones, Woolworths con $4.948 millones y la brasileña Natura con $3.156 millones". (Insights, 2014)

Como se puede ver entre las tiendas retail aquellas especializas en ropa tiene un gran auge no solo a nivel mundial sino también en el Ecuador. Con el paso de los años se ha visto como muchas empresas retail de ropa se han incursionado en el mercado latinoamericano, siendo uno de los territorios elegidos el ecuatoriano.

Según el diario El Universo (2014) el "Grupo Inditex continúa su expansión por el mercado sudamericano, donde ya cuenta con 57 establecimientos en Brasil, 37 en Colombia, 25 en Venezuela, 10 en Ecuador, 10 en Argentina, 9 en Chile, 4 en Perú y 3 en Uruguay. Por el momento, no opera ni en Bolivia ni en Paraguay".

Como se puede ver las empresas retail de ropa han ingresado de gran forma al mercado ecuatoriano, siendo uno de sus principales exponentes el Grupo Intex, por eso se ha decidió con este trabajo enfocarnos en una de sus marcas más comerciales en el Ecuador: Bershka.

2.2 TARGET

Los clientes y consumidores son por lo general jóvenes, conocedores de las últimas tendencias de la moda; muy activos en las redes sociales y las nuevas tecnologías. Los comúnmente llamados Millennials.

Por esta razón las tiendas cambian de imagen con regularidad, se modernizan, utilizan lo último en tecnología en busca de acaparar la atención de los jóvenes.

"La tecnología también está presente en los nuevos espacios, que contarán con displays interactivos (la nueva cartelería digital), en los que se visionan imágenes de las prendas expuestas en ese mismo mueble y los distintos looks que se pueden hacer. Estos displays se controlan mediante un sistema controlado por un iPad. Además, la tienda dispone de varias pantallas de LED en las que se proyectan vídeos de estilismos, promociones y campañas". (Diario CINCO DÍAS, 2015)

2. 3 LÍNEAS DE PRODUCTO

Las tiendas dividen sus espacios para las distintas líneas de producto que ofrece, siendo. En cada sección el producto está situado en los escaparates acorde con su estilo, yendo de la ropa informal a deportiva, o de prendas básicas a las de mayor tendencia en la actualidad.

El área más importante de la tienda es aquel de ropa de mujer. Esta sección presenta dos líneas de producto, Bershka y BSK., la primera siguiendo su concepto se centra en la moda y tendencias más actuales (ropa de noche, moda informal, moda vaquera y de última tendencia). BSK, al ser la colección más joven de la marca, se dedica a los gustos y necesidades de este público, basándose en sus intereses musicales, que usan las estrellas de rock, pop actuales. La sección de hombre ofrece una gama de ropa informal, deportiva, enfocada en las últimas tendencias para el público más joven. Aparte de la ropa Bershka se caracteriza por ofrecer una gran variedad en accesorios y calzado tanto para hombre como mujer.

Con el actual concepto Stage se ha cambiado la forma en que se mostraba la ropa, los escaparates casi han desaparecido por completo, siendo reemplazados por maniquíes que pretenden dar una idea de una tienda más abierta, con ropa menos amontonada y más visible al cliente.

"La ropa deja de aparecer tan amontonada, doblada en las mesas, y pende de módulos desmontables. «Así ganamos espacio y podemos cambiar el género continuamente, porque todos los muebles son movibles y giratorios. Nos aseguramos una mayor rotación», cuenta una encargada de tienda. «A nivel de visual merchandising desaparece el blanco y la exposición de la colección en paredes extensas. Ahora se lanzan pequeños mensajes con propuestas extendidas en paneles que ya no van anclados de manera fija. La capacidad de reacción es más fácil», añaden desde Comunicación de Inditex." (Diario EL MUNDO, 2015)

Aunque en la actualidad este es el concepto elegido, esto no significa que va a ser así por mucho tiempo, es más las tiendas Bershka; siempre pendiente de las necesidades del mercado; cambia de imagen cada 4 años, en la búsqueda de mantenerse relevante y actual para los jóvenes.

METODOLOGIA DE LA INVESTIGACION

DISEÑO INVESTIGATIVO:

Por medio de la investigación a realizar se obtendrá datos que ayuden a conocer con determinación que factores influyen en el comportamiento de los jóvenes para la elección o compra en una tienda de ropa. Con los resultados obtenidos se podrá conocer si estos factores son un concluyente para la elección de la tienda de ropa. De qué manera estos factores pueden afectar de manera positiva o negativa para la empresa. Al momento de interpretar los datos se podrá deducir que ventajas tienen unos factores sobre otros y de qué manera se pueden mejorar estas características para una mejor precepción del cliente.

TIPO DE INVESTIGACION: EXPLORATORIA – DESCRIPTIVA

Por medio de la investigación exploratoria se buscara encontrar los datos que ayuden a saber cuáles son los principales factores que afectan en el comportamiento del grupo estudiado, además de conocer como este comportamiento se ve afectado.

Con la investigación descriptiva se busca conocer los elementos que caracterizan al grupo de estudio. Esto ayudara a saber si estos factores demográficos están relacionado con la toma de decisiones.

FUENTES DE INFORMACION: PRIMARIA – SECUNDARIA

Primaria: El autor realizara su propio levantamiento de información a través de los conocimientos adquiridos en materias como investigación de mercado. Por medio de esta investigación se podrá obtener información relevante y especifica de lo que se está buscando desde el inicio del proyecto.

Secundaria: Se realizara búsqueda de información que sea oportuna para el proyecto investigativos, se buscara datos que ayuden a la toma de decisiones dentro del tema a investigar. Una de las herramientas a utilizar es el internet, diarios, revistas especializadas y páginas del gobierno.

TIPO DE DATOS: CUANTITAVITOS – CUALITATIVOS

Cuantitativos: Para obtener estos datos se realizó encuestas en los principales sectores de la ciudad de Guayaquil. Con la información obtenida se podrá deducir en porcentajes para una mejor interpretación de cifras sobre los factores a investigar.

Cualitativos: Para obtener una mejor precepción sobre los factores que influyen en los jóvenes, se realizó entrevistas a profundidad, que ayudaran a entender de mejor manera como es el proceder del grupo de estudio al momento de interactuar con los factores de la tienda.

HERRAMIENTAS DE LA INVESTIGACION

Para obtener los datos cuantitativos se realizara encuestas al grupo de estudio específico.

Se realizara varias entrevistas a profundidad a clientes de la tienda investigada, por medio de esta herramienta se podrá obtener datos que ayuden a una mejor interpretación para el proyecto investigativo.

DEFINICION DE LA MUESTRA

Para realizar el proyecto de investigación se enfocara la investigación está definida por los hombres de la ciudad de Guayaquil, según el INEC en base a una proyección que hace desde el año 2010 al 2020 hemos tomado los datos de la población de Guayaquil proyectados al año 2015 que son 2.589.229

El presente estudio investigativo se enfocara en los consumidores millennials con edades comprendidas entre los 18 años y 30 años, con un nivel socioeconómico B y C+, puesto que dicha población se ajusta a los parámetros que se está buscando dentro del proyecto académico según las características que registra el Instituto Nacional de Estadísticas y Censos (INCEC) .

n = muestra poblacional

z = nivel de confianza

e = error de muestreo

p = probabilidad que suceda el evento

q = probabilidad que no suceda el evento

Tabla 1: Muestra

n =	Z^2 p.q	n =	$(1.96)^2 (0.5) (0.5)$
	e^2		$(0.05)^2$
		n = 384	

ENCUESTA

Buenas tardes, el motivo de la encuesta es por razones académicas, se le pide de favor ser lo más honesto posible con cada una de sus respuestas. Las preguntas están hechas para su fácil entendimiento. De antemano se le agradece su colaboración.

EDAD: 18 – 20_   21 – 24_   25 – 27_   28 – 30_

GENERO: M_   F_

SECTOR: Norte_   Centro_   Sur_   Vía a la costa_
Oeste_

NIVEL DE ESTUDIO: Primaria_   Secundaria_   Universitario_
Postgrado_

1. **Realiza compras en tiendas de ropa en centros comerciales de la ciudad de Guayaquil (si su respuesta fue si continúe con la pregunta 3)**

   Sí_   No_

2. **Si su respuesta fue no por qué razón no realiza compras de ropa en centros comerciales de ciudad de Guayaquil (termina la encuesta)**

   Precios más bajos_   Mejores marcas_   Mejor calidad_
   Familiares le regalan_

3. **Qué centro comercial es el que visita con mayor frecuencia (Elija una opción)**

   Mall del Sol_   City Mall_   Mall del Sur_ San Marino_   Rio Centro
   Norte_   Rio Centro Ceibos_   Otros_

4. **Cuánto presupuesto destina a la hora de realizar compras en tiendas de ropa**

   Menos de $100_   De $100 a $200_   De $201 a $300_   Más
   $300

5. Al año cuantas veces realiza compras de ropa en centros comerciales de la ciudad de Guayaquil

1 – 3 veces al año_   4 – 6 veces al año_   7 – 9 veces al año_

10 - 12 veces al año_   + de 13 veces al año_

6. Nombre la primera tienda de ropa de moda de algún centro comercial de la ciudad de Guayaquil que se le viene a la cabeza

_____

7. Cuáles son los atributos que considera más importante a la hora de elegir una tienda de ropa

Precio_   Calidad_   Marca_   Infraestructura_   Atención_

Promoción_

8. En cuál de las siguientes tiendas de ropa que se muestran a continuación ha realizado sus últimas compras (Elija 1 opción)

Etafashon_   Deprati_   Bershka_   Zara_   Tennis_   Forever 21_

9. Por qué medios de comunicación se enteró de la existencia de la tienda que eligió

Radio_   Tv_   Prensa escrita_   Redes Sociales_   Volantes_

Recomendación_   Viéndola personalmente_

10. Cómo calificaría el factor precio de la tienda que eligió

FACTOR	Muy accesible	Accesible	Irrelevante	Poco Accesible	Nada Accesible
Precio					

11. Califique los siguientes factores de la tienda de ropa que eligió

FACTOR	Muy importante	Importante	Irrelevante	Poco importante	Nada importante
Calidad					
Marca					
Variedad					
Atencion					
Infraestructura					
Promociones					

ENTREVISTA A PROFUNDIDAD

1. Qué tipo de ropa suele usar
2. Cuáles son los lugares donde suele adquirir su vestimenta
3. Qué centro comercial visita con mayor frecuencia
4. Que factores considera que son ideales para una tienda de ropa
5. Como considera el factor precio dentro de sus tiendas de ropa favorita
6. Que factores destaca de su tienda de ropa favorita
7. Como cree que estos factores afectan en el comportamiento del consumidor
8. Cada que tiempo usted realiza compras de ropa en tiendas de centros comerciales
9. Cuál es el monto que suele gastar al momento de realizar una compra en una tienda de ropa

RESULTADOS DE LA INVESTIGACION

Para obtener los resultados para el proyecto investigativo se realizó 385 encuestas a hombres y mujeres de rango de edad que van desde los 18 años a 30 años, de un nivel socioeconómico B y C+. El motivo por el cual se escogió ese rango de edad, fue por el resultado que se obtuvo de un sondeo realizado a las tiendas enfocadas en la investigación, donde los administradores de cada punto de venta afirmaron que su media de ventas gira en un público entre esas edades.

Las tiendas se escogieron por medio de un sondeo a 150 personas de rangos de edad entre 18 a 30 años, en el cual se obtuvo que las principales tiendas que ellos recuerdan están Etafashon, Deprati, Bershka, Zara, Tennis y Forever 21. Por esta razón se escogió estas tiendas como objeto de estudio para conocer sus principales factores, de qué manera los utilizan para persuadir a los consumidores.

Por medio de encuestas y entrevistas a profundidad (6 clientes de cada tienda) se desea llegar a descubrir el comportamiento del consumidor a la hora de elegir una tienda de ropa de moda en un centro comercial.

RESULTADOS DE LA ENCUESTA:

Grafico 1: Atributos VS Tiendas

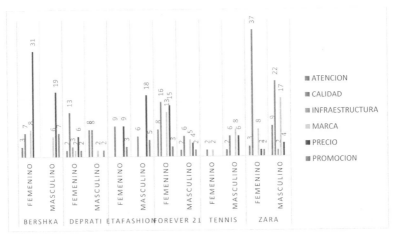

BASE: 385

Fuente: Investigación de Mercado, 2016
Elaborado por: El Autor

Dentro de la tienda Bershka se obtiene como porcentaje más representativo, el atributo precio, con 31 que representa el 8.5% del total. De igual manera entre los hombres el factor precio es el que más resalta como muy accesible.

Dentro de la tienda Zara el atributo con mayor porcentaje es el de calidad con un 9.60% del total de mujeres. Entre los hombres dentro de la tienda Zara el atributo con mayor porcentaje es de igual manera la calidad con un 5.70%

Grafico 2: Presupuesto VS Frecuencia

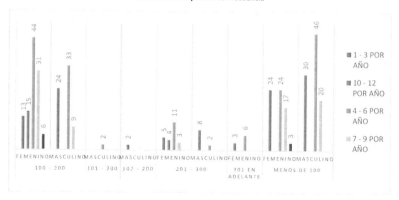

Fuente: Investigación de Mercado, 2016
Elaborado por: El Autor

BASE: 385

El presupuesto que destinan tanto mujeres como hombres para la compra de su vestimenta, varían dependiendo del poder adquisitivo. Entre $100 a $200 su frecuencia de compra es de 4 a 6 veces en el año tanto mujeres 11,42% como hombres 8,57%, también se puede observar que la frecuencia de compra entre 1 a 3 años en las mujeres, su valor destinado es menor a $100.

Grafico 3: Visitas En Base Al Sector

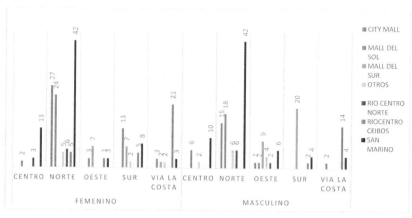

Fuente: Investigación de Mercado, 2016
Elaborado por: El Autor

BASE: 385

En los resultados que se obtiene según el sector de las personas encuestadas, tenemos que las mujeres y hombres que viven en el norte de la ciudad prefieren el centro comercial San Marino, con un 10.90% mujeres y un 10.92% hombres.

Otro dato importante es el de las mujeres que viven Vía a la Costa que eligieron el centro comercial Rio Centro Ceibos con un 5.45%. De igual manera los hombres que viven en ese sector de la ciudad prefieren el centro comercial mencionado con un 3.63%

Grafico 4: Accesibilidad/Precios Por Tienda

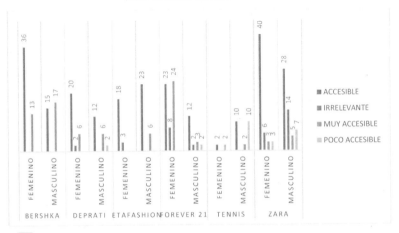

BASE: 385

Fuente: Investigación de Mercado, 2016
Elaborado por: El Autor

Al analizar la tienda Zara se obtiene como resultado que el 10.38% de las mujeres consideran que el precio es accesible. Dentro de la misma tienda los hombres consideran con un 7.27% que el precio es accesible y con un 3.64% mencionan que el precio dentro de la tienda le es irrelevante.

Dentro de la tienda Bershka obtenemos que un 9.35% de las mujeres considera que el precio es accesible, mientras que los hombres con un 4.42% eligieron el precio de esta tienda como muy accesible.

44

Grafico 5: Medio

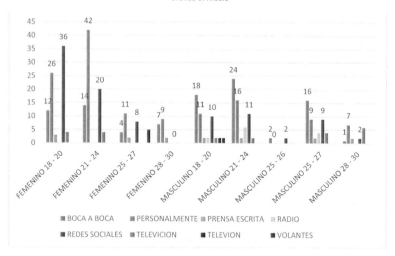

Fuente: Investigación de Mercado, 2016
Elaborado por: El Autor

BASE: 385

Al analizar las variables para averiguar el medio por el cual el grupo de estudio elige la tienda se obtiene como resultado que las mujeres de 21 a 24 años eligen la tienda visitándola personalmente con un 10.90%.

Las mujeres de 18 a 20 años con un 9.35% consideran que las redes sociales son un factor determinante a la hora de conocer y elegir la tienda de ropa.

Con hombres los resultados que se obtienen son muy distinto a las elecciones de las mujeres ya que los caballeros de 21 a 24 años con un 6.23% considera que el factor más importante que ellos toman en cuenta es la recomendación de un conocido o marketing de boca a boca. De la misma manera el resto de hombres de diferentes rangos de edades considera que el marketing de boca a boca es factor que más influye en su decisión.

CONCLUSION

Por medio de los datos cuantitativos se puede concluir que la Zara es considera como una tienda de buena calidad tanto para hombres como para mujeres, mientras que Bershka el factor que más destaca es su precio accesible. Dentro de la tienda Deprati hombres y mujeres consideran como los factores más importantes la calidad y la atención que se brinda dentro del establecimiento. En la tienda Etafashon existe una igualdad entre factores en mismo grado de importancia, un gran porcentaje de mujeres encuestadas mencionaron que toman de manera muy importante la calidad y el precio que se maneja. En cuanto a los hombres el factor que más destaco a la hora de elegir esta tienda fue el precio. La tienda de ropa Forever 21 el factor que más destaca entre hombres y mujeres es la calidad. Para finalizar en cuantos atributos los factores que más destacaron dentro de la tienda Tennis fueron la calidad y la marca.

Un dato a destacar es que las personas tanto hombres como mujeres que gastan menos de $100 por cada compra de ropa que realizan su frecuencia de consumo es de 4 a 6 veces por año, y las personas que destinan entre $100 a $300 por la adquisición de ropa la frecuencia de compra disminuye a 3 veces por año.

RESULTADOS DE LA ENTREVISTA A PROFUNDIDAD

Para obtener los resultados de la entrevista a profundidad se escogió a 4 personas que se encontraban en fin de semana en el centro comercial San Marino, los cuales fueron escogidos según los rangos de edad establecidos, 2 hombres de diferentes edades y 2 mujeres de igual índole de edad.

ENTREVISTA A PROFUNDIDAD

Entrevistado 1

Nombre: Ivan Alvarado

Edad: 20

Ocupación: Estudiante

Sector/Ciudad: Norte

Entrevistado 2

Nombre: Stefano Yanez

Edad: 26

Ocupación: Ingeniero

Sector/Ciudad: Guayaquil

Entrevistado 3

Nombre: María José Tito

Edad: 19

Ocupación: Estudiante Universitario

Sector/Ciudad: Guayaquil

Entrevistado 4

Nombre: Andrea Arteaga

Edad: 27

Ocupación: Profesional

Sector/Ciudad: Guayaquil

1. Qué tipo de ropa suele usar

   E1: Ropa ligera, nada exagerado, si es para una fiesta camisas

   E2: Deportiva para el día, ropa casual por lo general, no busco ropa elegante.

   E3: Dependiendo de la situación por ejemplo, blusas para la universidad, zapatos y shorts para el día a día, vestidos para fiestas

E4: Por lo general ropa fresca, pero para salidas busco ropa que se ajuste a la ocasión

2. Cuáles son los lugares donde suele adquirir su vestimenta

E1: Por lo general visito tiendas de moda estilo europea como Bershka o estilo más

casual como la tienda Tennis que posee modelos de camisas muy llamativas

E2: Como me gusta la ropa deportiva por lo general visito tiendas del mismo índole como Adidas o Maratón, pero si se trata de comprar ropa para fiesta acudo a tiendas que están de moda como Bershka y Zara

E3: En tiendas de ropa de moda, como Forever 21 o Etafashon

E4: Por lo general Zara ya que me gusta su ropa, es muy elegante

3. Qué centro comercial visita con mayor frecuencia

E1: Suelo visitar el San Marino por la diversidad de locales que posee

E2: El centro comercial que más visito es el San Marino por estar prácticamente al paso de todos los sectores de la ciudad, además que posee casi de todo

E3: San Marino por lo que queda cerca de mi casa

E4: San Marino ya que es un centro comercial que se puede encontrar de todo un poco

4. Que factores considera que son ideales para una tienda de ropa

E1: La imagen, la limpieza, la atención

E2: Bueno yo me fijo mucho en la parte externa, si el local me llama la atención entrare, y que tenga un excelente ambiente

E3: El precio, la atención, La variedad de ropa son factores que me fijo mucho

E4: La atención, la variedad de ropa que haya dentro del local

5. Como considera el factor precio dentro de sus tiendas de ropa favorita

E1: El factor precio es muy importante para mí, pero si la ropa que veo me gusta el precio entraría en segundo plano

E2: Es importante, pero no los es todo, ya que si la ropa me gusta estaría dispuesto a pagar precios altos

E3: Pues si la ropa es bonita y tiene buen precio mucho mejor, pero no considero que sea un factor determinante para mi

E4: El precio es importante, pero si la ropa es buena es precio lo dejo a un lado

6. Que factores destaca de su tienda de ropa favorita

E1: Bueno no tengo tienda favorita, pero si me gustan mucho Bershka y Zara, lo que destaco de esas tiendas es la variedad de ropa y la calidad

E2: La atención, la buena calidad

E3: Me gusta mucha la variedad de ropa, el estilo que tiene su ropa

E4: La elegancia de la tienda, la variedad y su excelente atención.

7. Como cree que estos factores afectan en el comportamiento del consumidor

E1: Si la variedad es buena atraerá un mayor número de compradores

E2: Si la tienda tiene una buena atención, tiene ropa de buena calidad los compradores seguirán yendo a comprar

E3: Si los factores son buenos afectaran de una forma muy positiva, y posiblemente los compradores sigan yendo a comprar

E4: Los factores son fundamentales para que el cliente vuelva al tienda, si estos son buenos el consumidor volverá a entrar a la tienda

8. Cada que tiempo usted realiza compras de ropa en tiendas de centros comerciales

E1: Se podría decir que cada 3 meses voy a comprar ropa

E2: Bueno el tiempo no lo tengo muy definido, pero más o menos cada 4 meses

E3: Cada 3 meses más o menos

E4: Cada 4 o 5 meses

9. Cuál es el monto que suele gastar al momento de realizar una compra en una tienda de ropa

E1: De $30 a $50 es lo que destino comúnmente a la hora de comprar ropa

E2: La verdad en cada compra gasto entre $30 a $60, pero si la ropa me gusta mucho suele gastar un poco más

E3: De $20 a $ $40 es el monto que suelo gastar

E4: De $50 a $100

Con los resultados obtenidos se puede concluir que entre los hombres el tipo de ropa a escoger es del tipo casual, el precio no es un determinante a la hora de elegir una tienda de ropa, el factor que más se fijan es en la variedad y la calidad de esta. Entre los más jóvenes la tienda más popular es Bershka por su variedad y estilos de ropa, y entre los hombres de un rango de edad más elevado están las tiendas deportivas tipo Adidas o Marathon

El monto que gastan los hombres al momento de realizar una compra va desde los $30 a $60 sin importar la edad o la ocupación.

En los resultados obtenidos de las mujeres tenemos como un determinante a la hora de destinar montos de dinero para realizar las compras de ropa es que las chicas de un menor rango de edad gastan entre $20 y $40 muy diferente a las mujeres de una edad más avanzada que gastan entre $50 y $100, cabe recalcar que la ocupación es un factor indispensable en una mujer a la hora de gastar en sus vestimentas diarias.

RESULTADOS DE LA OBSERVACION DIRECTA

Para realizar la observación directa se escogió 6 tiendas, las cuales se tomó en cuenta el nombre por medio de un sondeo de 150 personas fuera de centros comerciales de la ciudad de Guayaquil, en las cuales se les pidió de favor que nombraran 1 tienda la cual consideran sus favorita y entre las elegidas resultaron se estas tiendas como Deprati, Bershka, Zara, Tennis, Etafashon y Forever 21.

Tabla 2: Observación Directa

DEPRATI			
ENTRADA	MUY AMPLIA	AMPLIA	POCO AMPLIA
		X	
ESCAPARATE	SI	NO	
	X		
ILUMINACION	ALTA	MEDIA	BAJA
	X		
MUSICA	ALTA	MEDIA	BAJA
PASILLOS	MUY AMPLIO	AMPLIO	POCO AMPLIO
	X		
PRECIOS	ALTOS	MEDIOS	BAJOS
	X	X	
SECCION DE ROPA	BIEN DISTRIBUIDO	MEDIO DSITRIBUIDO	DESORDENADO
	X		
LIMPIEZA	MUY LIMPIO	MEDIO LIMPIO	POCO LIMPIO
	X		

Fuente: Investigación de Mercado, 2016
Elaborado por: El Autor

Al momento de realizar la observación dentro de la tienda Deprati se destacó que posee pasillos muy amplios, por los cuales las personas que ingresan tienen una mejor predisposición a la hora de buscar su vestimenta favorita.

Dentro de la tienda se pudo observar que las secciones de ropa tanto de hombres como de mujeres están bien distribuidas, por tal motivo que ayudan al comprador a encontrar lo que buscan con una mayor fluidez.

BERSHKA		
	MUY AMPLIA	AMPLIA	POCO AMPLIA
ENTRADA		X	
	SI	NO	
ESCAPARATE		X	
	ALTA	MEDIA	BAJA
ILUMINACION		X	
	ALTA	MEDIA	BAJA
MUSICA	X		
	MUY AMPLIO	AMPLIO	POCO AMPLIO
PASILLOS	X		
	ALTOS	MEDIOS	BAJOS
PRECIOS		X	X
	BIEN DISTRIBUIDO	MEDIO DSITRIBUIDO	DESORDENADO
SECCION DE ROPA	X		
	MUY LIMPIO	MEDIO LIMPIO	POCO LIMPIO
LIMPIEZA	X		

Fuente: Investigación de Mercado, 2016
Elaborado por: El Autor

Dentro de la tienda Bershka un dato que cabe mencionar es que no cuenta con escaparate, por lo que cliente debe entrar para observar la variedad de ropa que posee la tienda. La iluminación dentro de la tienda no es muy alta ya que no se busca la luz sea un factor que moleste la visa a los compradores. Los niveles que se usan dentro de la tienda son altos por lo que su ropa va dirigida a jóvenes y con esto buscan que sus consumidores se encuentren en total movimiento.

ZARA			
	MUY AMPLIA	AMPLIA	POCO AMPLIA
ENTRADA		X	
	SI	NO	
ESCAPARATE	X		
	ALTA	MEDIA	BAJA
ILUMINACION		X	
	ALTA	MEDIA	BAJA
MUSICA		X	
	MUY AMPLIO	AMPLIO	POCO AMPLIO
PASILLOS			
	ALTOS	MEDIOS	BAJOS
PRECIOS	X	X	X
	BIEN DISTRIBUIDO	MEDIO DSITRIBUIDO	DESORDENADO
SECCION DE ROPA		X	
	MUY LIMPIO	MEDIO LIMPIO	POCO LIMPIO
LIMPIEZA	X		

Fuente: Investigación de Mercado, 2016
Elaborado por: El Autor

Al momento de realizar la investigación dentro de la tienda Zara se observó que la iluminación era media baja, pero que los focos apuntaban directamente donde se encontraba las perchas de la ropa. Por lo que se procedió a preguntar dicho sistema, y la respuesta que se obtuvo fue que por medio de ese sistema de iluminación buscan que el posible cliente se enfoque netamente en la mercadería y calidad de la ropa que ofrece Zara.

TENNIS		
	MUY AMPLIA	AMPLIA	POCO AMPLIA
ENTRADA			X
	SI	NO	
ESCAPARATE		X	
	ALTA	MEDIA	BAJA
ILUMINACION			X
	ALTA	MEDIA	BAJA
MUSICA		X	
	MUY AMPLIO	AMPLIO	POCO AMPLIO
PASILLOS			X
	ALTOS	MEDIOS	BAJOS
PRECIOS	X	X	X
	BIEN DISTRIBUIDO	MEDIO DSITRIBUIDO	DESORDENADO
SECCION DE ROPA		X	
	MUY LIMPIO	MEDIO LIMPIO	POCO LIMPIO
LIMPIEZA		X	

Fuente: Investigación de Mercado, 2016
Elaborado por: El Autor

La tienda Tennis a diferencia de las anteriores posee con una entrada al público pequeña, por lo que dificulta el acceso en épocas de ventas altas como navidad o año nuevo. Un factor que si posee es el escaparate donde por temporadas colocan su ropa de mayor realce. La iluminación que se usa dentro de la tienda es muy baja, por lo que se prosedio a averiguar porque de este factor, y la razón es que buscan que por medio de una iluminación baja la infraestructura del lugar mantenga su realce ya que el ambiente que hay en esta tienda es muy rudimentario.

ETAFASHON			
ENTRADA	MUY AMPLIA	AMPLIA	POCO AMPLIA
	X		
ESCAPARATE	SI	NO	
	X		
ILUMINACION	ALTA	MEDIA	BAJA
	X		X
MUSICA	ALTA	MEDIA	BAJA
		X	
PASILLOS	MUY AMPLIO	AMPLIO	POCO AMPLIO
		X	X
PRECIOS	ALTOS	MEDIOS	BAJOS
		X	X
SECCION DE ROPA	BIEN DISTRIBUIDO	MEDIO DSITRIBUIDO	DESORDENADO
		X	
LIMPIEZA	MUY LIMPIO	MEDIO LIMPIO	POCO LIMPIO
		X	

Fuente: Investigación de Mercado, 2016
Elaborado por: El Autor

Un dato a destacar de esta tienda es que la entrada es muy amplia, factor que ayuda de gran manera al ingreso de futuros consumidores. Etafashon posee un gran escaparate donde pueden colocar su ropa de moda. Los pasillos dentro de esta tienda son amplias ayudando a que las personas que entran recorran las instalaciones de una manera relajada.

FOREVER 21		
	MUY AMPLIA	AMPLIA	POCO AMPLIA
ENTRADA	X		
	SI	NO	
ESCAPARATE	X		
	ALTA	MEDIA	BAJA
ILUMINACION	X		X
	ALTA	MEDIA	BAJA
MUSICA		X	
	MUY AMPLIO	AMPLIO	POCO AMPLIO
PASILLOS		X	
	ALTOS	MEDIOS	BAJOS
PRECIOS	X	X	
	BIEN DISTRIBUIDO	MEDIO DSITRIBUIDO	DESORDENADO
SECCION DE ROPA		X	
	MUY LIMPIO	MEDIO LIMPIO	POCO LIMPIO
LIMPIEZA	X		

Fuente: Investigación de Mercado, 2016
Elaborado por: El Autor

Al analizar la tienda Forever 21 los datos a destacar son la entrada que es muy amplia, lo escaparates muy llamativos que posee, donde se puede observar su ropa por cada cambio de temporada. La iluminación dentro de la tienda es muy alta ya que buscan que el cliente pueda observar la ropa de la mejor manera junto a sus modernas instalaciones.

CONCLUSION GENERAL DE LA INVESTIGACION

Por medio de los datos obtenidos se podrá concluir con datos reales el comportamiento de los consumidores de edades de 18 a 30 años frente a los factores que presentan las tiendas de ropa investigadas. Los resultados que se encontraron son muy importantes y relevantes para futuras investigaciones.

Entre los resultados más mencionados fueron que el precio es un determinante importante a la hora de elegir una tienda de ropa, pero que si esta tienda presenta otros factores destacables como la calidad y la atención, el precio se convierte en una variable de igual importancia que el resto.

Entre las tiendas investigadas, las más mencionadas fueron Bershka y Zara, la primera por manejar precios que para los consumidores investigados son muy accesibles, en cuanto a Zara la eligieron en gran cantidad por considerarla una tienda de alta calidad y variedad.

Entre los factores principales se encuentran la calidad, la atención, la variedad y el precio. Un factor que no se fijaron en gran porcentaje fue la infraestructura ya que mencionaron que si en la tienda se manejan buenos precios, la atención que se brinda es buena y existen precios accesibles, el factor infraestructura deja de tener importancia.

Dentro de la investigación cualitativa se concluye que las tiendas investigadas cuidan mucho su imagen, en cuando a infraestructura, limpieza y la calidad de su ropa. Todas las tiendas buscan que exista un ambiente en el cual en consumidor se sienta a gusto y con ganas de volver nuevamente no solo por la compra de la vestimenta sino que por la satisfacción que se le creo al entrar en aquel lugar.

BIBLIOGRAFIA

Arellano- Rivera . (2013). Conducta del consumidor : estrategias y políticas aplicadas al marketing. En Arellano-Rivera, *Conducta del consumidor : estrategias y políticas aplicadas al marketing* (págs. 38-419). España: ESIC.

INEC; Ecuador en cifras. (16 de noviembre de 2012). *Ecuador en cifras*. Obtenido de Ecuador en cifras: http://www.ecuadorencifras.gob.ec/wp-content/descargas/Infoconomia/info8.pdf

Abraham H. Maslow. (2001). Marketing. En A. H. Maslow, *Marketing* (págs. 148- 688). Mexico: Pearson Educación,.

BrandReport. (15 de junio de 2015). *BrandReport*. Obtenido de BrandReport: http://www.brandreportblog.com/millennials-como-compran-y-que-perfil-de-marca-buscan/

Brown, STtuart. (2009). A Jugar. En S. Brown, *A Jugar* (págs. 110-111). URANO.

ComExPlus. (12 de febrero de 2014). *ComExPlus*. Obtenido de ComExPlus: http://e-comex-plus.com/noticias/el-portal-cyber-monday-tuvo-120-mil-visitas

El Comercio. (2 de diciembre de 2015). *El Comercio*. Obtenido de El Comercio: http://wap.elcomercio.com/articulo/actualidad/cybermonday-compras-internet-empresas-comercio

El Universo. (17 de noviembre de 2014). *El Universo*. Obtenido de El Universo: http://www.eluniverso.com/noticias/2014/11/17/nota/4227701/ecuador-cuarto-mercado-sudamericano-inditex-numero-tiendas

Esteban, J. A.-I. (2004). Comportamiento del Consumidor. En J. A.-I. Esteban, *Comportamiento del Consumidor* (págs. 55-523). Madrid: ESIC .

Expreso. (13 de noviembre de 2013). *Expreso*. Obtenido de http://expreso.ec/historico/guayaquil-atrae-a-nuevas-tiendas-de-ropa-extr-DCGR_5272505

Insights. (16 de abril de 2014). *Insights*. Obtenido de Insights: http://www.insights.la/2014/04/16/best-retail-brands-2014-2/

J. Paul Peter. (2006). Comportamiento del consumidor y estrategia de marketing. En J. P. Peter, *Comportamiento del consumidor y estrategia de marketing* (pág. 578). España: McGraw-Hill Interamericana de España S.L.

JUAN PABLO DEL ALCAZAR PONCE . (27 de Febrero de 2013). *Formacion Gerencial*. Obtenido de Formacion Gerencial: http://blog.formaciongerencial.com/2013/02/27/retail-marketing-y-fidelizacion-ecuador-2013/

Kanuk, S. (2005). Comportamiento del Consumidor. En S. Kanuk, *Comportamiento del Consumidor* (págs. 8-587). Person Education.

Luis Leyton Johns. (13 de noviembre de 2013). *Revista retailing*. Obtenido de Revista retailing: http://www.revistaretailing.com/desarrollo_noticia.php?id_noticia=32

MarketingDirecto. (19 de octubre de 2011). *MarketingDirecto*. Obtenido de MarketingDirecto: http://www.marketingdirecto.com/digital-general/social-media-marketing/los-jovenes-y-las-redes-sociales/

Marshall, A. (8 de Marzo de 2008). *pousiroxi*. Obtenido de http://pousiroxi.blogspot.com/2008/03/teora-economica-de-marshall.html

Philip Kotler, G. A. (2003). Fundamentos del marketing. En G. A. Philip Kotler, *Fundamentos del marketing* (págs. 121-599). Mexico: Pearson Educación.

Revista Lideres. (14 de julio de 2015). *Revista Lideres*. Obtenido de Revista Lideres: http://www.revistalideres.ec/lideres/inditex-expande-guayaquil.html

Rivas Javier Alonso; Grande Esteban Ildefonso. (2010). Comportamiento del consumidor. Decisiones y estrategia de marketing. En R. J. Alonso, & G. E. Ildefonso, *Comportamiento del consumidor. Decisiones y estrategia de marketing* (págs. 433-509). España: ESIC Editorial.

Solé Moro, María Luisa. (2003). Los consumidores del siglo XXI. En M. L. Solé Moro, *Los consumidores del siglo XXI* (págs. 98- 224). ESIC Editorial.

Stanton J. William, E. J. (2007). Fundamentos de marketing. En E. J. Stanton J. William, *Fundamentos de marketing* (págs. 6- 741). McGraw-Hill.

UNICEF. (JUNIO de 2006). *UNICEF*. Obtenido de UNICEF: http://www.unicef.org/uruguay/spanish/GUIA_5.pdf

Veblen, T. (22 de Marzo de 2013). *cconsumer*. Obtenido de https://cconsumer.wordpress.com/comportamiento-del-consumidor-2/comportamiento-del-consumidor-definicion-y-teorias/

Printed by Books on Demand GmbH, Norderstedt / Germany